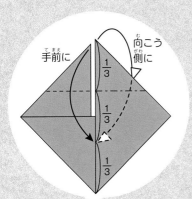

手前に　向こう側に
$\frac{1}{3}$
$\frac{1}{3}$
$\frac{1}{3}$

JN080784

ダウンロードしたり
できるよ。

パーツ🅐の完成！

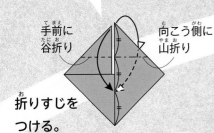

手前に
谷折り
向こう側に
山折り

折りすじを
つける。

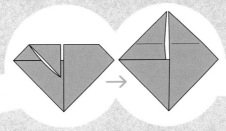

折りすじを元にもどす。

つの　つの

パーツ🅑の完成！

向こう側に
山折り
手前に
谷折り

折りすじをつける。

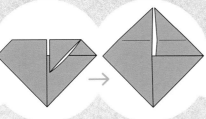

折りすじを元にもどす。

つの　つの

最後につのを
折りこむ。

完成！

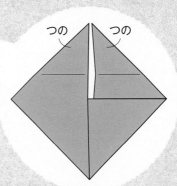

合体のしかた

合体パーツ完成！

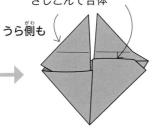

パーツ🅑

パーツ🅐

🅐のコップのようになって
いるところに🅑をさしこむ。

🅐のつのを🅑のコップの
ようになっているところに
さしこんで合体

うら側も

この合体パーツを
17色つくる。

次の色の合体パーツ

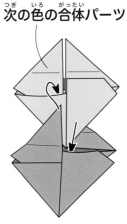

次つぎと
さしこんでつないでいく。

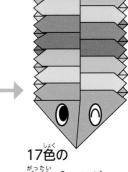

17色の
合体パーツが
つながった！

教室でチャレンジ！

SDGs

エスディージーズ

ワークショップ

① はじめてのSDGs
折り紙からはじめよう

著／稲葉茂勝

はじめに

　最近よく聞くようになった「ワークショップ」という言葉は、もともと英語の workshop からきたもので、「作業場」「仕事場」という意味です。それが、いまでは「あるテーマにしたがって、みんなが主体的に課題を体験しながら学ぶ場所」という意味でつかわれるようになりました。

　そこでぼくは、①折り紙　②ポスター　③絵手紙・かるた　④新聞　⑤タギング　といった作業を体験しながら、SDGsをより深く学び、そして、みんなでひろめていくための「SDGsワークショップ」をしようと考え、小学校や地域のイベントなどさまざまな場所で実践してきました。

　ぼくは、この本をつくる前に「SDGsのきほん　未来のための17の目標」全18巻、『これならわかる！SDGsのターゲット169徹底解説』『教科で学ぶSDGs学』など、SDGsに関する本を30冊以上書いてきました。なぜなら、SDGsについてみんなに知ってもらいたいことがたくさんあったからです。

　そして今回は、「SDGsワークショップ」を開いたり、本を書いたりしてみんなに学んでもらうだけではなく、SDGsをひろめていくための5つの提案をさせていただきます。

1 はじめてのSDGs 折り紙からはじめよう
2 SDGsポスターをかこう
3 SDGs絵手紙・かるたをつくろう
4 SDGs新聞をつくろう
5 SDGsタギングに挑戦 さがそう！身近なSDGs

　この本を手にとってくれたみんなは、SDGsについてたくさんのことを知っているでしょう。でも、この本ではSDGsについてぼくなりの説明をしますので、みんなの知識を確認し、よりしっかり定着させてください。そのために、「Q（クイズ）」を入れたり、「ものしりコーナー！」をつくったりと、さまざまなくふうを試みました。

　SDGsの17の目標達成のための努力は、だれ一人として、しないわけにはいきません。それは、「自分だけが感染症にかからない」「戦争が起こっても巻きこまれない」などといえないのと同じです。

　みんなで努力をしていかないと、地球は、世界は、人類は、持続不可能になってしまいます。人類を持続可能にするために、みんなで目標達成に向けて努力しなければなりません。SDGsは、すべての人びとが達成のために努力すべき目標なのです。

子どもジャーナリスト
Journalist for Children　稲葉茂勝

もくじ

＊本文中に青い文字で示した用語を解説します。

3

いまさら聞けない「SDGs」

最近、SDGsという言葉をよく聞きます。でも、SDGsが「持続可能な開発目標」という意味だと知っていても、SDGs目標1のロゴマークに「どうして6人の老若男女がえがかれているか」などを、ちゃんと説明するのはむずかしいのではないでしょうか。

SDGsのロゴマークを調べよう！

国連は、17個の目標を短くあらわした文「テーマ」と「ロゴマーク」をつくって、SDGsを世界じゅうにひろめようとしています。ロゴマークも、あちらこちらでとてもよく見かけられます。でも、1つひとつをしっかりおぼえている人は多くありません。

そこで、ためしに下のクイズをやってみてください。いくつわかりますか？

Q1 下の①〜⑰はSDGsの目標1〜17の文（テーマ）。右ページの⑦〜⑦のうち、それぞれどのイラストであらわされているか？

①貧困をなくそう
②飢餓をゼロに
③すべての人に健康と福祉を
④質の高い教育をみんなに
⑤ジェンダー平等を実現しよう
⑥安全な水とトイレを世界中に
⑦エネルギーをみんなにそしてクリーンに
⑧働きがいも経済成長も
⑨産業と技術革新の基盤をつくろう
⑩人や国の不平等をなくそう
⑪住み続けられるまちづくりを
⑫つくる責任つかう責任
⑬気候変動に具体的な対策を
⑭海の豊かさを守ろう
⑮陸の豊かさも守ろう
⑯平和と公正をすべての人に
⑰パートナーシップで目標を達成しよう

2015年の国連サミット（→p38）でSDGsが採択されたことを受け、SDGsのロゴマークが壁一面にうつし出されたニューヨークの国連本部ビル。

下のイラストは、カラフルな色をしたSDGsのロゴマーク（→p19）にえがかれているイラストをスケッチしたものです。全部で17個あります。

やあ、ぼくの名前は、「G'sくん」。このシリーズの案内役だよ。ところどころで顔を出して、ぼくなりの説明をさせてもらうね。どうぞよろしく！

G'sくん（→p20）

ア

イ

ウ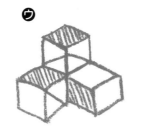

エ

オ

カ

キ

ク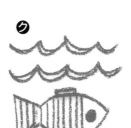

ケ

コ

サ

シ

ス

セ

ソ

タ

チ

ものしりコーナー！

「ロゴマーク」とは

「マーク」とは、「印」「符号」「標識」のこと。「ロゴ」はもともと印刷用語で、2字以上の文字を1つの活字としてつくられた「ロゴタイプ」をさす言葉。この2つがあわさって、しだいに「印」のような意味でつかわれ、「ロゴマーク」といわれるようになった。いいかえると、「ロゴマーク」は、「マーク」と「ロゴタイプ」がセットになったもの。単に「ロゴ」とだけいうことも多いが、それは「ロゴタイプ」の略称というより、「マーク」や「ロゴタイプ」をまとめた意味でつかわれることが多い。SDGsの場合、17個の正方形のなかにあるイラスト（→p25）が本来の「ロゴマーク」と考えられるが、一般に、このイラストと数字、文字がセットになったカラフルな正方形全体を、SDGsの「ロゴ（マーク）」といっている。

キ⑰ カ⑯ オ⑮ エ⑭ ウ⑬ イ⑫ ア⑪ チ⑩ タ⑨ ソ⑧ セ⑦ ス⑥ シ⑤ サ④ コ③ ケ② ク① こたえ

2 SDGsの17個の目標を確認しよう！

17個あるSDGsのロゴマークには、目標の番号と目標について表現した短い文（テーマ→p4）が書かれています。それを見て、多くの人がその短文をSDGsの目標だと思っています。でも、それは目標文ではありません。

SDGsの17個の目標

いま、SDGsはどんどん広がりを見せています。ところが、多くの人が、目標ごとのカラフルな色をした正方形のロゴマーク（→p25）に書かれている短い文がSDGsの目標そのものだと

かんちがいしています。その短文は「テーマ」とよばれ、あくまでも目標を短くいいあらわした標語のようなものなのです。目標文自体は、下のクイズに記す、目標1〜目標17の長くてむずかしい文です。

Q2 次はSDGsの17個の目標文です。それぞれの①〜⑰に入る言葉は何？

目標1：あらゆる場所のあらゆる形態の（①）を終わらせる。

目標2：（②）を終わらせ、食料安全保障及び栄養改善を実現し、持続可能な農業を促進する。

目標3：あらゆる年齢のすべての人々の健康的な生活を確保し、（③）を促進する。

目標4：すべての人々への包摂的かつ公正な質の高い（④）を提供し、生涯学習の機会を促進する。

目標5：（⑤）平等を達成し、すべての女性及び女児のエンパワーメントをおこなう。

目標6：すべての人々の（⑥）と衛生の利用可能性と持続可能な管理を確保する。

目標7：すべての人々の安価かつ信頼できる持続可能な近代的（⑦）へのアクセスを確保する。

目標8：包摂的かつ持続可能な（⑧）及びすべての人々の完全かつ生産的な雇用と働きがいのある人間らしい雇用（ディーセント・ワーク）を促進する。

目標9：強靭（レジリエント）な（⑨）構築、包摂的かつ持続可能な産業化の促進及びイノベーションの推進を図る。

目標10：各国内及び各国間の（⑩）を是正する。

目標11：包摂的で安全かつ強靭（レジリエント）で持続可能な（⑪）及び人間居住を実現する。

目標12：持続可能な生産（⑫）形態を確保する。

目標13：（⑬）及びその影響を軽減するための緊急対策を講じる。

目標14：持続可能な開発のために（⑭）・海洋資源を保全し、持続可能な形で利用する。

目標15：（⑮）域生態系の保護、回復、持続可能な利用の推進、持続可能な森林の経営、砂漠化への対処、ならびに土地の劣化の阻止・回復及び生物多様性の損失を阻止する。

目標16：持続可能な開発のための（⑯）で包摂的な社会を促進し、すべての人々に司法へのアクセスを提供し、あらゆるレベルにおいて効果的で説明責任のある包摂的な制度を構築する。

目標17：持続可能な開発のための実施手段を強化し、グローバル・（⑰）を活性化する。

SDGsの目標文にはむずかしい言葉が多いね。なぜなら、国連が英語で発表したSDGsを、外務省が仮に訳した翻訳文（外務省仮訳→p38)だからなんだよ。英語の言葉の意味を正しくあらわす日本語を見つけるのって、たいへんだからね。

①貧困　②飢餓　③福祉　④教育　⑤ジェンダー　⑥水　⑦エネルギー　⑧経済成長　⑨インフラ　⑩不平等　⑪都市　⑫消費　⑬気候変動　⑭海洋　⑮陸上　⑯平和　⑰パートナーシップ

むずかしい言葉の解説

SDGsの17個の目標には、「包摂的」などのむずかしい言葉がたくさん書かれています。ここでは、左ページの緑色の言葉の意味を解説するので、しっかりおぼえてください。

下の言葉を見て気づくことはありませんか。「エンパワーメント」「アクセス」「ディーセント・ワーク」「レジリエント」「イノベーション」「グローバル」といったカタカナ語のあつかい方です。

SDGsの17個の目標文の6か所に出てくる「包摂的」は英語の「インクルーシブ」を日本語に訳したものですが、「包摂的（インクルーシブ）」とはなっていません。

でも、「強靭」は「強靭（レジリエント）」となっています。また、「アクセス」は日本語に訳されていません。なぜ、このように日本語と英語（カタカナ語）がまざっているのでしょうか？ それは、元の英語を的確にあらわす日本語がなかったり、その日本語が、一般にあまりつかわれていない言葉だったりするからです。

包摂的
もともとの意味は「ふくまれる」こと。SDGsの文脈では、主として子ども、若者、障がい者、高齢者、先住民、難民、移住労働者などの社会的な弱者も、政策や便益の対象から排除されたり、わすれられたりして取り残されることがないことを意味する。これらの弱者をふくめてだれ一人取り残さないという原則のもとで、SDGs目標、ターゲット（→p8）の随所でつかわれる用語。（A）

エンパワーメント
「力（権限）をあたえる」という意味の英語のempowerからきた言葉。女性の社会進出が進むなど、女性が力をつけることを意味する。（C）

衛生
（身の回りを清潔にして）健康をたもち、病気にかからないようにすること。（B）
目標6のテーマでは、「トイレ」と訳される。世界にはいまだに道端や草むらなどの屋外で用を足す（排泄する）人びとが大勢いる。排泄物にふくまれる病原菌が雨水などで運ばれて川や池の水がよごれると、その水を飲んだ人びとは病気になってしまう。「健康をたもち、病気にかからないようにする」ために、トイレは重要な役割をもっている。（C）

アクセス
「接近・接触」をさす言葉。「ある場所に接近すること」「交通の便」「コンピュータやインターネットに接続すること」などいろいろな意味でつかわれるが、ここでは「物や情報を利用できるようにすること」をいう。（C）

ディーセント・ワーク
働きがいのある人間らしい仕事。仕事は、働く人たちの権利や自由、平等が保障され、じゅうぶんな収入のもと安定した生活を送ることができる

ものでなくてはならないという考え方をもとに、1999年の国際労働機関（ILO）総会で示された言葉。（C）

強靭（レジリエント）
強くしなやかでねばりのあること（さま）。（B）

イノベーション
英語のinnovationで、「技術革新」と訳される。常識がかわるほどに、社会を動かす「技術の大きな変化」のこと。「新しい活用法」などの意味もこめられている。（C）

人間居住
都市以外に人間が住んでいる町や村のこと。人間居住地。（C）

生態系
生物とそれらが生きる自然環境をまとめたもの。空気、水、土などといったある一定の地域の自然環境のもと、植物や動物などは、太陽のエネルギーを命の源として、おたがいにかかわりあっている。（C）

森林の経営
樹木を伐採して木材として売却するなど、森林の資源を活用し経営をすること。森林の伐採などを無秩序におこなわず、森林の二酸化炭素（CO_2）吸収機能や保水機能をたもち、また生態系を守りながら、持続可能な形で森林を利用していくこと。（A）

土地の劣化
人びとに必要な食料の生産と安全を確保するためには、食料を生みだす豊かな土地が必要である。地球の表面をおおう土は、陸の豊かさを守り、人びとの豊かなくらしをささえている。土の質が低下すると、作物の生産能力が落ちたり、環境を守るための機能が失われたりしてしまう。こう

した状況を「土地の劣化」という。土地の劣化の原因には、人口増加にともない、野菜や肉といった食料をより多くつくるため、かつては休ませながらつかっていた土地を酷使することや、農地や牛や羊などの放牧地を拡大するためや住宅建設を目的とした森林伐採があげられる。（C）

生物多様性
遺伝子・生物種・生態系それぞれのレベルで多様な生物が存在していること。これを地球規模で保全するため、1992年に生物多様性条約が採択された。（B）

グローバル
世界的な規模であるさま。国境をこえて、地球全体にかかわるさま。（B）

出典および参考資料
A 『SDGs辞典』（ミネルヴァ書房）
B 『大辞林 第三版』（三省堂）
C 『SDGsのきほん 未来のための17の目標』シリーズ（ポプラ社）

> SDGsは「むずかしい」「とっつきにくい」などとよくいわれるけれど、その理由の1つは、もともと英語で書かれたSDGsの日本語訳がわかりにくいからなんだよ。でも、ここにのっている言葉をおぼえてしまえば、SDGsの理解は大きく進むから、がんばろうね。

3 SDGsが「むずかしい」もう1つのわけ

6ページに紹介したとおり、SDGsには目標が17個あります。でも、それらに加えてたくさんの具体的な目標がつくられているのです。その数、なんと169個！　そのため、知れば知るほどSDGsは「むずかしい」「とっつきにくい」と感じてしまう人もいるようです。

169個の目標とは？

SDGsには17個の目標のほかに、その目標の1つずつに5個から19個（平均して約10個）の、より具体的な目標が、合計で169個つくられました。それを「ターゲット」といっています。

ターゲットが「具体的目標」であるのに対し、17個の目標そのものは「最終目標」（ゴール）といわれています。

もともとSDGsは、「我々の世界を変革する：持続可能な開発のための2030アジェンダ（→p38）」という国連決議で示されたものです。そこには、現在の世界がかかえるあらゆる課題を解決するにはどうすればよいかが示されています。

世界がかかえる課題を解決しようとするわけですから、17+169という目標数は決して多いとはいえません。

SDGs関連の本は、ここ数年でとてもたくさん出版されたよ。でも、ターゲットを解説した本はほとんどないんだ。右の本は、169個のターゲットについて1つずつ解説したもの。図書館などでぜひ手に取ってみてほしいな。

『これならわかる！SDGsのターゲット169徹底解説』（著／稲葉茂勝・渡邉優　ポプラ社刊）

ここでは、その169個のターゲット全部をのせるわけにはいきませんので、目標14のターゲットだけを、右ページに紹介しておきます。

目標14「海の豊かさを守ろう」のターゲット

　下の10個のターゲットは、一見すると、漢字が多くてとてもむずかしく感じられます。そこで、ここでは、著者がわかりやすい言葉をつかってかんたんに書きなおした「挑訳*」も、右側に紹介しておきます。

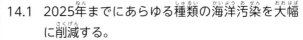

この挑訳を読んでいくと、どうやって「海の豊かさを守ろう」といっているのかが、何となくわかってくるよ。がんばれ！

●目標14のターゲット（外務省仮訳）

14.1 2025年までに、海洋ごみや富栄養化を含む、特に陸上活動による汚染など、あらゆる種類の海洋汚染を防止し、大幅に削減する。

14.2 2020年までに、海洋及び沿岸の生態系に関する重大な悪影響を回避するため、強靱性（レジリエンス）の強化などによる持続的な管理と保護を行い、健全で生産的な海洋を実現するため、海洋及び沿岸の生態系の回復のための取組を行う。

14.3 あらゆるレベルでの科学的協力の促進などを通じて、海洋酸性化の影響を最小限化し、対処する。

14.4 水産資源を、実現可能な最短期間で少なくとも各資源の生物学的特性によって定められる最大持続生産量のレベルまで回復させるため、2020年までに、漁獲を効果的に規制し、過剰漁業や違法・無報告・無規制（IUU）漁業及び破壊的な漁業慣行を終了し、科学的な管理計画を実施する。

14.5 2020年までに、国内法及び国際法に則り、最大限入手可能な科学情報に基づいて、少なくとも沿岸域及び海域の10パーセントを保全する。

14.6 開発途上国及び後発開発途上国に対する適切かつ効果的な、特別かつ異なる待遇が、世界貿易機関（WTO）漁業補助金交渉の不可分の要素であるべきことを認識した上で、2020年までに、過剰漁獲能力や過剰漁獲につながる漁業補助金を禁止し、違法・無報告・無規制（IUU）漁業につながる補助金を撤廃し、同様の新たな補助金の導入を抑制する。

14.7 2030年までに、漁業、水産養殖及び観光の持続可能な管理などを通じ、小島嶼開発途上国及び後発開発途上国の海洋資源の持続的な利用による経済的便益を増大させる。

14.a 海洋の健全性の改善と、開発途上国、特に小島嶼開発途上国および後発開発途上国の開発における海洋生物多様性の寄与向上のために、海洋技術の移転に関するユネスコ政府間海洋学委員会の基準・ガイドラインを勘案しつつ、科学的知識の増進、研究能力の向上、及び海洋技術の移転を行う。

14.b 小規模・沿岸零細漁業者に対し、海洋資源及び市場へのアクセスを提供する。

14.c 「我々の求める未来」のパラ158において想起されるとおり、海洋及び海洋資源の保全及び持続可能な利用のための法的枠組みを規定する海洋法に関する国際連合条約（UNCLOS）に反映されている国際法を実施することにより、海洋及び海洋資源の保全及び持続可能な利用を強化する。

●著者の「挑訳」

14.1 2025年までにあらゆる種類の海洋汚染を大幅に削減する。

14.2 2020年までに海洋と沿岸の生態系を回復させる。

14.3 科学的協力を通じて、海洋酸性化（→p38）の影響を最小限におさえる。

14.4 2020年までに漁獲を規制し過剰漁業や違法な漁業をやめる。科学的な管理計画をつくる。

14.5 2020年までに沿岸域と海域の10%を保全する。

14.6 2020年までに漁業のためのさまざまな補助金を見直す。

14.7 海洋資源の持続的な利用によって、開発のおくれた国ぐにに利益をもたらす。

14.a 海洋に関する科学的知識を増やし研究能力を高め海洋技術の移転をおこなう。

14.b 家族だけで漁業をしてくらしている人たちも市場を利用できるようにする。

14.c 海洋と海洋資源を保全し、その持続可能な利用を強化する。

*ある言語をほかの言語にすることを、翻訳という。翻訳には単語の意味に忠実に訳す「直訳」と、意味がわかりやすいようにした「意訳」がある。近年日本では、一度日本語に意訳したものを、さらに日本語としてわかりやすくした「超訳」もおこなわれるようになった。「挑訳」とは、この「超訳」と同じ読み方だが、著者がSDGsの難解な日本語をわかりやすくしようと挑戦した翻訳のこと。これは『これならわかる！SDGsのターゲット169徹底解説』（ポプラ社）で発表したもので、この目標14をはじめ、169個のターゲットの挑訳がそこにおさめられている。

も のしりコーナー！
「数字目標」と「アルファベット目標」

　目標14のターゲットでは、14.1～14.7は14のうしろに数字がついているが、その下の3個には、a、b、cとアルファベットがついている。どちらも「持続可能な開発のために海洋・海洋資源を保全し、持続可能な形で利用する」という目標14の目標文（→p6）を具体的に示したものだ。でも、「アルファベット目標」のほうが「数字目標」よりも、目標達成の方法にまでふみこんだものになっている。

4 SDGs目標1 「貧困をなくそう」を考える

9ページまで読んで「この本はむずかしいなぁ」と感じた人もいるでしょう。でも、だいじょうぶ！　ここからは、ずっと親しみやすい内容になります。楽しみながらいっしょに考えていきましょう。

目標1のロゴマークを考える

目標1のロゴマークは、人が6人ならんでえがかれています。

1 貧困を なくそう

Q3
左は、SDGsの目標1のロゴマークです。そこにえがかれているのは、㋐、㋑のどっち？

㋐家族　　㋑社会

いま日本では核家族が多いから、6人家族はめずらしいかもしれないね。核家族とは、親と子どもだけの家族のことだよ。

「家族」か「社会」か

　左ページのクイズの答えは、多くの人が瞬間に⑦の「家族」だと思うようです。大人にはさまれて子どもが二人、それにつえをもつ人がいることで、お年寄りのいる家族がイメージされるからです。

　でも、お年寄りといっても、いまのお年寄り、みんなのおじいさん、おばあさんは、左ページの写真のようにまだまだ若わかしいのではないでしょうか。そう考えると、目標1のロゴマークは「家族」というより、「社会」をあらわしているといえるかもしれません。

　ところが、もし「社会」の象徴だとするなら、だれかが足りません。

　じつは、SDGsでは、「社会」は「包摂的（インクルーシブ）」（→p7）でなければならない！「包摂的」になることを目標としているのです。だから、その「社会」を象徴的にあらわすとすれば、障がいのある人を登場させる必要があります。たとえば、車いすに乗っている人とか、義足をつけている人など……。

> 東京2020
> パラリンピック（→p38）の
> 閉会式では、いろいろな人たちが
> いっしょになって楽しんで
> いるのがよく伝わってきたよ。
> みんなは、
> どう感じたかな？

ものしりコーナー！
「ダイバーシティ」と「インクルーシブ」

　近年よくつかわれるようになってきた「ダイバーシティ」という言葉は、さまざまな国の人びととがいっしょにいることにより、人種、宗教、価値観、生活のしかたなど、あらゆることが多様であることをいう。男性も女性も、若い人もお年寄りも、障がいのある人もない人も、LGBTQ＋（→p38）も、同じ社会にいっしょにいて、たがいに尊重しあう社会が、「ダイバーシティ」だ。SDGsの目標には「ダイバーシティ」という言葉はつかわれていないが、そのかわりに「インクルーシブ」という言葉があちらこちらに登場して、「包摂的」（すべての人をある範囲に包みこむこと）であるべきだといっている。すなわち「ダイバーシティ」でなければならないと、SDGsにも書かれているわけだ。

2021年9月におこなわれた東京2020パラリンピック閉会式のようす。ダイバーシティが表現された演出が話題となった。

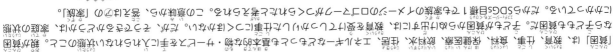

5 SDGs目標2「飢餓をゼロに」を考える

目標1「貧困(→p38)をなくそう」に続いて、目標2の「飢餓(→p38)をゼロに」についても、ロゴマークを見ながら考えてみましょう。器のような物の上にある曲線は、何を意味しているのでしょう。

目標2のロゴマークを考える

左は、「温泉」をあらわす日本の地図記号です。また右は、SDGs目標2「飢餓をゼロに」をあらわすロゴマークです。この2つのマークのとくに似ているところは、湯気のようなものをあらわしている3本の曲線です。この曲線からは、どちらも「温かさ」が感じとれます。

2 飢餓を
ゼロに

湯気というと、みんなは何を思いうかべるかな？たいていは、シチューやみそ汁の湯気、おふろの湯気だよね。ほかには？

なぜ「温かい」イメージなの？

　「飢餓をゼロに」という目標をあらわすのに、なぜ「温かい」食べ物がイメージできるロゴマークがつかわれたのでしょうか。飢餓をなくすための食料支援のイメージなら、いろいろな支援物資とか、小麦や米のイメージイラストでもよさそうですが、どうして器から湯気が立っているようなロゴマークが考案されたのでしょうか。残念ながら、SDGsのロゴマークの意味や由来については公表されていないため、受け取る側が考えるほかありません。もしかすると、ただの食料より「温かい食べ物」のほうが、「飢餓をゼロに」という目標が伝わりやすいのかもしれません。

ホームレスなど貧しい人びとのためにおこなわれた食料支援。温かい食べ物が配られている（ポーランド）。

ものしりコーナー！

SDGsのロゴマークの考案者

　SDGsのロゴマークをデザインしたのは、数多くの実績や受賞歴があるスウェーデン出身のヤーコブ・トロールベックさんというデザイナー。1999年にニューヨークにクリエイティブ・スタジオを設立。国連からSDGsのデザインについて依頼を受けたのは2014年だったという。

　ある小学生が「このロゴマークを見ると、カップめんを思い出す」といっていたよ。たしかにカップめんは炊き出しや災害時の支援としてつかわれているね。このように、ロゴマークからSDGsの目標の意味を考えてみてはどうかな。SDGsについて、より楽しく学ぶことができるよ。

6 SDGsのロゴマークを よく見てみよう！

G'sくんは、いろいろな形に変形することができます。その特徴を生かして、SDGsの17個の「ロゴマーク」をG'sくんであらわす、といったワークショップを24ページから紹介していきます。その前に、国連のつくったSDGsのロゴマークについてもう少し見てみましょう。

SDGs目標5を例として

これは、男女をあらわすマークです。

このマークは、かつてヨーロッパでつかわれていた星を示す記号がもとになっています。「♂」は火星を、「♀」は金星を示すもの。それが、右下の「ものしりコーナー」に記すようにかわり、男女マークとなりました。このことを知っていれば、右のマークは男女平等をあらわしているとわかります。

5 ジェンダー平等を実現しよう

●星を示す記号の例

| 月 | 太陽 | 水星 | 金星 | 地球 |

火星　木星　土星　天王星　海王星

Q4

下は、オリンピックのマーク。
5つの輪は、それぞれ何色かな？

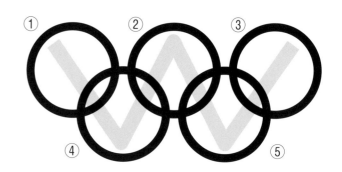

① ② ③ ④ ⑤

「♂」「♀」のマークは、どっちが男でどっちが女か、わからなくなることがあるよ。それに、もともとの意味が火星と金星だと知っている人は少ないよね。

も のしりコーナー！

男女マークの考案者

18世紀なかごろ、スウェーデンの植物学者カール・フォン・リンネが、火星のシンボル「♂」と金星のシンボル「♀」を、植物のオス・メスをあらわす記号としてつかいはじめたとされている。

答え ①青 ②黄 ③黒 ④緑 ⑤赤

ロゴマークは色が重要

　ロゴマークというと、単色のものもありますが、たいていはいくつもの色がつかわれ、色そのものに意味をもたせていることも多くあります。

　左ページの5つの輪は、近代オリンピックの創始者であるピエール・ド・クーベルタンが考案したオリンピックのマークの形です。1914年におこなわれたIOC（→p38）創設20周年記念式典で発表され、1920年のアントワープ大会からつかわれるようになりました。

　この5つの輪が、世界の五大陸（ヨーロッパ、南北アメリカ、アフリカ、アジア、オセアニア）をあらわし、輪の重なりは、その相互の関係や連帯・結束を意味しているといいます。

　ところが、どの色がどの大陸をあらわすかについては、いろいろ憶測がとびかいました。

　そういうこともあって、色の意味は大陸説からはなれていき、「赤が火、青が水、緑が木、黒が土、黄が砂である」「情熱、水分、体力、技術、栄養を意味している」などという説が出てきたといわれています。

「パートナーシップ」のイメージ

　SDGsの目標17「パートナーシップで目標を達成しよう」のロゴマークも、オリンピックマークと同じ5つの輪からできています。SDGs目標17のロゴマークをオリンピックマークと関連させて考えると、なぜ5つの輪になったのかがわかるのではないでしょうか。

> SDGsのロゴマークを考案したトロールベックさん（→p13）がオリンピックマークを意識したかどうかはわからないけれど、「相互の関係や連帯・結束を意味している」という点では、SDGsの目標17のパートナーシップも同じだよね。それから色だけど、SDGsの目標17の色は紺1色。また、17個のロゴマークもそれぞれ1色だね。目標1は赤がイメージカラーになっているけれど、同じ赤でも微妙に異なる色が、目標4や目標5にもつかわれている。オリンピックマークの5色がどの大陸というわけではないように、SDGsの色も、何色が何番の色とはっきりさせる必要はないんだろうね。17色もあるしね。

🔍 も のしりコーナー！

クーベルタンの考え

　この5色に白を加えた6つの色を組みあわせると、当時の世界の国旗のほとんどをえがけることから、「クーベルタンは世界は1つという意味をこめてこれらの色を選んだ」といわれている。しかしクーベルタン自身は、どの色の輪がどの大陸をさすかは特定していなかったようだ。なお、5つの輪の配置は、WORLD（世界）の頭文字である「W」の形に似せて配置されたという（左ページの太くてうすいピンクの線）。

7 SDGsのすべての目標は つながっている

SDGsの目標には、ある特徴があるといわれています。何だかわかりますか？　それは、「17個の目標はどれも単独では達成することができない」ということです。つまり、1つの目標を達成するには、ほかの目標も達成しなければならないのです。

SDGsは、ここがすごい！

SDGsの17個の目標は、とてもよく考えられたすぐれものだといわれています。その理由の1つとして、「単独では達成できない」という特徴があげられています。

たとえば、目標1「貧困をなくそう」を達成しようとすれば、目標3「すべての人に健康と福祉を」や目標4「質の高い教育をみんなに」を考えていかなければなりません。なぜなら、病気のために貧困になったり、学校に行けないために仕事につけなくて貧困におちいったりするからです。

また、目標2「飢餓をゼロに」を達成するには、食料が必要になります。その食料は、目標14「海の豊かさを守ろう」や目標15「陸の豊かさも守ろう」と深く関連しているのです。

じつは、この特徴こそが、SDGsのすごさでもあるといわれているのです。

下の図は、目標1とほかの目標との関連をイメージした図。太い線で結ばれた目標どうしは強く関連しあっていることを示しています。

目標1とほかの目標とのかかわり方

目標1「貧困をなくそう」をどうやって達成するかを考えると、さまざまな課題があることに気づきます。先に記しましたが、ターゲットにその課題を解決するための目標が具体的に示されています。このように、SDGsは人類の課題がとても複雑にからみあっていることに気づくようにつくられています。それが、SDGsの特徴であり、すぐれたところなのです。

「17個の目標はどれも単独では達成することができない」からこそ、みんなは、どうすればよいかが明確になるんだよ。それについては、この本を読みすすめていけば、しだいにわかっていくよ。

●目標1とかかわりの強い目標

目標番号	理由
2	貧困をなくすには、飢餓をなくすことが必要。飢餓に苦しむ人は地球上におよそ8億人もいて、それによって命を落とす人や健康に生きられない人がたくさんいる。開発途上国（→p38）にかぎらず先進国でも飢餓があり、空腹が続けば貧困からぬけ出す努力をすることは困難だ。飢餓をひろげない努力が必要。
3	貧困をなくすには、健康でいることも必要。経済的に苦しい生活をしている人は、病気によって貧困におちいってしまう。経済的に貧しくても、適切な医療と福祉を受けられる環境をつくることが重要だ。
4	教育が受けられていない人は、よりよいくらしをしたいと思っても、生活をかえるのはむずかしい。また、親が教育を受けていないと子どもも貧困になりやすい（貧困の連鎖）。性別や経済力、年齢などにかかわらず、すべての人が質の高い教育を受けられる環境は、貧困解消の要件となっている。
5	雇用や給与、家事分担をはじめ、社会の意思決定への参加など、多くの場面で女性は弱い立場に追いやられることが、貧困につながっている。女性が自分の人生を自分で決め、能力を発揮することで社会が進歩する。それによって貧困も減少する。
8	経済成長と働きがいのある社会が実現すれば、貧困はなくなると考えられている。人の生活を犠牲にしてなりたつ経済成長ではなく、働きがいのある人間らしい仕事をすべての人が得られることこそ、貧困解消の要件だ。
10	貧困をなくすことと、不平等をなくすことは、同じことだ。なぜなら、不平等が貧困につながっているからだ。また、不平等をなくすためには、経済的・社会的に弱い立場の人への支援が必要となる。

ごみ捨て場から、売ってお金になる物をひろい集める子ども。貧困家庭の子どもは、自らお金をかせいだり家の仕事を手伝ったりせねばならず、学校に行けないことも多い。

8 どの目標から取り組んでもいい

みんなのなかには「SDGsの目標達成のために何かやってみたいけれど、何をすればいいかわからない」という人がたくさんいるでしょう。でも、目標1でも目標7でも、やれることからやればいいのです。なぜなら……。

SDGsは考え方しだい

ターゲット（→p8）は、たしかに漢字が多くてむずかしく感じますが、がんばって読んでみると、だんだんみんなのやれることがわかってきます。

14.2　2020年までに、海洋及び沿岸の生態系に関する重大な悪影響を回避するため、強靱性（レジリエンス）の強化などによる持続的な管理と保護を行い、健全で生産的な海洋を実現するため、海洋及び沿岸の生態系の回復のための取組を行う。

(外務省仮訳)

たとえば、上のターゲットの「海洋及び沿岸の生態系の回復のための取組」の部分を「海のよごれをなくすこと」だといわれたら、それなら「海によごれた水を流さない」「海にごみを流さない」「ペットボトルのリサイクル（→p38）につとめる」という個人の具体的な行動につながるのではないでしょうか。

それでいいのです。なぜなら、「17個の目標は1つとして、その目標単独では達成することができ

ない」というのが、SDGsの特徴だからです。

そもそもターゲット14.2は、一般の人の目標ではなく、国や自治体にとっての目標です。

このようにSDGsには、国がめざす目標、企業の目標、そして一般の人の目標が、まとめて示されているのです。だから、みんなは自分のできることだけすればそれでいい！　それがさまざまなことに波及して、結果としてSDGs全体の目標達成に貢献できるのです。

SDGsの17個の目標のどれについて努力したとしても、その努力はいろいろな目標の達成に役立つということだよ。だから、「どの目標から取り組んでもいい」と、このページの最初に書いてあるんだよ。

家庭で出るごみを分別することは、リサイクル率を上げ、資源のむだづかいを減らすことにつながるかもしれない。

SDGsの目標達成のカギ

SDGsの目標達成のカギは、みんなでやること！ 「みんな」とは、全人類です。全人類には、個人もいれば、企業もふくまれます。もちろん国も。

SDGs目標17のテーマ（→p4）は、「パートナーシップで目標を達成しよう」です。「パートナーシップ」とは、「協力関係」を意味する言葉です。また、目標17の目標文は「持続可能な開発のための実施手段を強化し、グローバル・パートナーシップを活性化する」です。このなかの「グローバル」（→p7）とは「国際的」という意味で、国と国との協力関係を強くするといっているのです。でも、それは、政府どうしの関係だけではなく、外国の企業どうしや、国民どうしの協力関係についてもいっているのです。

もとより、1つの国のなかでは、国民と政府の協力関係が重要だといっています。

なお、目標17のターゲットは19個あって、全目標のなかでいちばん多くなっています。

経済分野

社会分野

環境分野

illustration presented by
Johan Rockström and
Pavan Sukhdev

上に持ちあげると……

イラストの上の部分は、17個の目標がどのように分類され、関連しあっているかを示すものだよ。くわしくは、5巻の4〜5ページに書いてあるから、シリーズ全5巻をしっかり読んでね。

17個の目標の分類

SDGsの17個の目標は、経済分野、社会分野、環境分野、そして「パートナーシップ」の合計4つの分野に大きく分けることができます。右上の図は、それを示したもの。環境分野の4個の目標がほかを取りかこむようにあって、その内側に社会分野の8個の目標があります。さらにその内側には、経済分野の4個の目標があることを示しています。

これら16個の目標は、そのまま地球上の人類がかかえる問題の構造をあらわしています。つまり、人類が持続可能な経済活動や社会活動を営むためには、それらをささえる健全な地球環境が必要であることを示しているのです（→5巻p5）。目標17をいちばん上に置いたのは、SDGsの目標達成が人類次第であるからです。「パートナーシップで目標を達成しよう」ということです。

1 「G's くん」（折り紙）とは

この本には、ふしぎなキャラクターがところどころに登場しています。その名前は、「G'sくん」。SDGs の目標がすべてつながっていることをあらわしたキャラクターです。

動く折り紙

「G'sくん」に「'」をつけたのには深い意味があるわけではありませんが、あえていうなら、SDGsは「G's」となっていないことを強調したかったのです。つまりSDGsの「s」はSustainable Development Goals の複数形をあらわす「s」であることを。

ところで、G'sくんはイラストのように見えますが、そうではなく、折り紙でできているのです。しかも、動きます！　のびたりちぢんだり、曲がったり、ねじれたり……。このG'sくんは、どのようにつくるのでしょうか。つくり方はとてもかんたんです。同じ色の折り紙を2枚用意して、Ⓐ・Ⓑ2つのパーツをつくります。それを17組つくり、へびのようにつないで、目をつければ、完成！

G'sくんのつくり方

パーツⒶⒷは同じ色の折り紙でつくるよ。ⒶⒷの順につくってから合体してね。

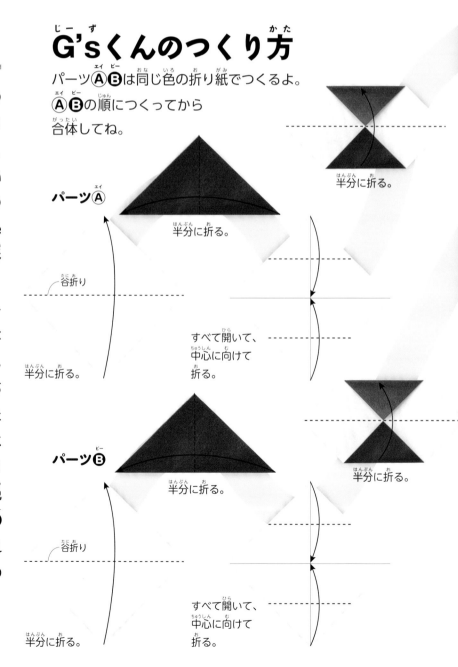

パーツⒶ

半分に折る。

半分に折る。

谷折り

すべて開いて、中心に向けて折る。

半分に折る。

パーツⒷ

半分に折る。

半分に折る。

谷折り

すべて開いて、中心に向けて折る。

半分に折る。

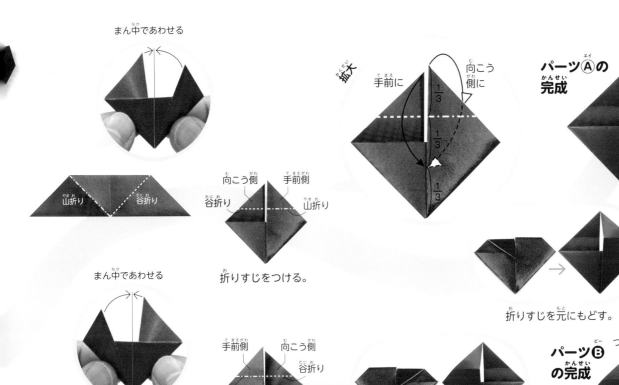

まん中であわせる

山折り　谷折り

向こう側　手前側
谷折り　山折り

折りすじをつける。

拡大

手前に　向こう側に
$\frac{1}{3}$
$\frac{1}{3}$
$\frac{1}{3}$

パーツⒶの完成
つの

折りすじを元にもどす。

まん中であわせる

谷折り　山折り

手前側　向こう側
谷折り

山折り

折りすじをつける。

折りすじを元にもどす。

パーツⒷの完成
つの　つの

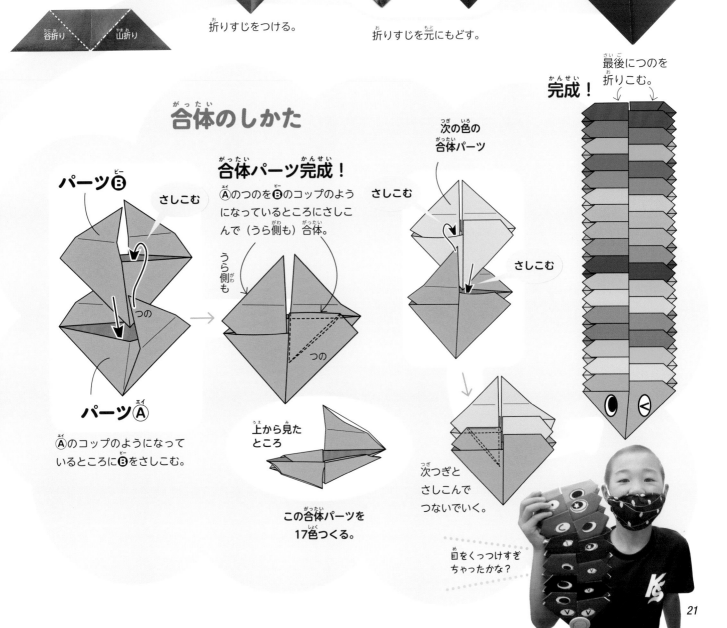

最後につのを折りこむ。

完成！

合体のしかた

パーツⒷ

さしこむ

つの

パーツⒶ

ⒶのコップのようになっているところにⒷをさしこむ。

合体パーツ完成！

ⒶのつのをⒷのコップのようになっているところにさしこんで（うら側も）合体。

うら側も

つの

上から見たところ

この合体パーツを17色つくる。

次の色の合体パーツ

さしこむ

さしこむ

次つぎとさしこんでつないでいく。

目をくっつけすぎちゃったかな？

G'sくんでSDGs目標17を あらわそう！

このシリーズは、SDGsをより深く学び、みんなでひろめていくためのワークショップを提案するものです。でも、この本は、その第1巻ですから、SDGsの基本について説明してきました。さぁ、いよいよです。

SDGs目標17は、パートナーシップ

G'sくんのからだは、ぐーんとのばしたときは、ぎゅっとちぢめたときの何倍もの長さになります。ぐにゃぐにゃ曲げたり、ねじったりすることもできます。

では、G'sくんをつかって、目標17「パートナーシップで目標を達成しよう」を表現してみましょう。といっても、どうしたらいいかわからないですね。そこで、これから例を示していきます。

国連のSDGsバッジ

下の写真は、SDGsバッジといわれるものです。近年、日本でも世界でもこのバッジをつけている大人がだんだん増えてきました。

どうして身につけているかというと、「自分はSDGsの目標達成のために努力している」「SDGsをひろめたいと思っている」と、世間にアピールしているからです。いいかえると、「より多くの人と連帯したい」という意思表示をしているのです。

ものしりコーナー！　　　　　バッジの意味

SDGs全体のロゴマークも、トロールベックさん（→p13）が考案したもの。そして、その丸いカラフルなロゴマークが、SDGsバッジのデザインとなった。

トロールベックさんは、「すべての目標が1つになり、統合されている印象をあたえられる、太陽のような形状のものにしたかった」と説明。SDGsのいう「普遍性」や「包摂性」にも通じるという。

G'sくんがバッジに変身！

　じつは、G'sくんは、からだを曲げていくと、最後は自分のしっぽのなかにもぐりこんで、ぐるっと丸くなることができます。これは、まさにSDGsバッジ！

丸くなったG'sくん

　丸くなったG'sくんは、SDGsの目標17のイメージになります！　それこそ、「パートナーシップ」のイメージとしてぴったりではないでしょうか。そしてG'sくんでSDGsバッジをみんなで協力してつくっていくプロセスは、まさにパートナーシップといえるでしょう。

だんだん曲がって……。

頭をしっぽにさしこむと……。

丸くなった！

みんなで協力して
G'sくんをつくっていく作業は、
たしかに、この本が提案する
SDGsのワークショップ
そのものだよね。

17個のテーマを G'sくんであらわそう！

いろいろな形に変化することができるG'sくん。その特徴をいかして、17個の目標をG'sくんであらわすことができるでしょうか。自由な発想で、ぜひチャレンジしてみてください。

著者のイメージは通じるかな？

右ページに示した16個の形は、著者が考えたSDGsのそれぞれの目標のイメージです。G'sくんは、1つではなく、2つつかったり、たくさんつかったりしました。みんなも、友だちや家族といっしょにパートナーシップでいろんな形を考えてみてください。

下のクイズは、著者のイメージがみなさんに通じるかどうかといった、著者自身が問われるクイズです。

ぼくは伸縮自在。のびたりちぢんだり、くねくね曲がったりすることもできるんだよ。

Q1

①～⑯は、SDGsの目標1～16のテーマをあらわした文（目標17をのぞく）。右ページの㋐～㋞は、そのテーマのイメージを、著者がG'sくんであらわしたもの。どれとどれが一致するかな？　㋐～㋞にそえられた赤い文字をヒントに考えてみよう。

①目標1　貧困をなくそう
②目標2　飢餓をゼロに
③目標3　すべての人に健康と福祉を
④目標4　質の高い教育をみんなに
⑤目標5　ジェンダー平等を実現しよう
⑥目標6　安全な水とトイレを世界中に
⑦目標7　エネルギーをみんなにそしてクリーンに
⑧目標8　働きがいも経済成長も

⑨目標9　産業と技術革新の基盤をつくろう
⑩目標10　人や国の不平等をなくそう
⑪目標11　住み続けられるまちづくりを
⑫目標12　つくる責任つかう責任
⑬目標13　気候変動に具体的な対策を
⑭目標14　海の豊かさを守ろう
⑮目標15　陸の豊かさも守ろう
⑯目標16　平和と公正をすべての人に

㋐ いろんな人たち	㋑ 家並み	㋒ やせおとろえている！	㋓ インフラ

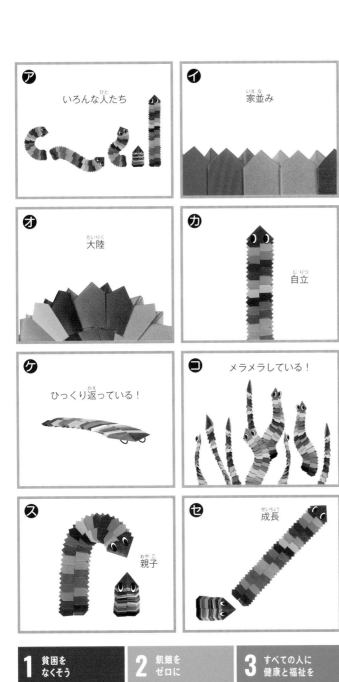

㋔ 大陸	㋕ 自立	㋖ 魚たち	㋗ 男　女

㋘ ひっくり返っている！	㋙ メラメラしている！	㋚ 生産　消費	㋛ 平和

㋜ 親子	㋝ 成長	㋞ しずく	㋟ 変動

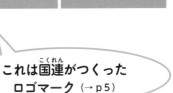

1 貧困をなくそう

2 飢餓をゼロに

3 すべての人に健康と福祉を

4 質の高い教育をみんなに

5 ジェンダー平等を実現しよう

6 安全な水とトイレを世界中に

7 エネルギーをみんなにそしてクリーンに

8 働きがいも経済成長も

9 産業と技術革新の基盤をつくろう

10 人や国の不平等をなくそう

11 住み続けられるまちづくりを

12 つくる責任つかう責任

13 気候変動に具体的な対策を

14 海の豊かさを守ろう

15 陸の豊かさも守ろう

16 平和と公正をすべての人に

これは国連がつくった
ロゴマーク（→p5）

4 みんなが G'sくんでつくった SDGsのイメージの形

じーず
エスディージーズ
かたち

ここに紹介するのは、小学生たちが考えた、G'sくんで表現したSDGsの17個の目標のイメージの形です。いろいろとくふうしています。それぞれのG'sくんのいいところについて、みんなで話しあってみてはどうでしょうか。

「飢餓って何だろう？」「基盤って？」などと、国語辞典で調べながら考えてくれたそうだよ。

目標1のイメージ
貧困をなくそう

目標2のイメージ
飢餓をゼロに

目標3のイメージ
すべての人に健康と福祉を

目標4のイメージ
質の高い教育をみんなに

目標5のイメージ
ジェンダー平等を実現しよう

目標6のイメージ
安全な水とトイレを世界中に

目標7のイメージ
エネルギーをみんなにそしてクリーンに

風力発電につかう大きな扇風機みたいなもので、「クリーンなエネルギー」をあらわしたんだよ。

目標8のイメージ

働きがいも経済成長も

丸や三角など、基本的な形で「基盤」をあらわしてみたの。どうかな？

目標9のイメージ

産業と技術革新の基盤をつくろう

目標10のイメージ

人や国の不平等をなくそう

目標11のイメージ

住み続けられるまちづくりを

目標12のイメージ

つくる責任つかう責任

目標13のイメージ

気候変動に具体的な対策を

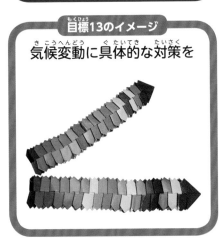

目標14のイメージ

海の豊かさを守ろう

波の下に小さな魚、それを食べる中くらいの魚、それを食べる大きな魚。みんなそろって「海の豊かさ」！

目標15のイメージ

陸の豊かさも守ろう

目標16のイメージ

平和と公正をすべての人に

目標17のイメージ

パートナーシップで目標を達成しよう

27

5 「SDGs サッカーボール」

パート2の1〜4は、G'sくん折り紙の
SDGsワークショップでした。ここからは、
SDGsの17個の目標をえがいた
サッカーボールを折り紙でつくる
といったワークショップです。

UNDPのSDGsサッカーボールとは

　右は国連開発計画（UNDP）がつくった
SDGsの17個の目標をえがいた本物のサッ
カーボールです。サッカーをしながらでも、
「SDGsを意識しよう」「まだ知らない人に
SDGsを知ってもらおう」という目的でつく
られました。

このボールは、
ぼくと同じで17色が
つかわれていて、とってもカラフル。
ところで、みんなはサッカーボールの
表面は、どんな形になって
いるか知っているかな。

著者が国連開発計画（UNDP）
親善大使の紺野美沙子さんから
手わたされた、サッカーボール。

ものしりコーナー！　国連開発計画UNDP（United Nations Development Programme）

　UNDPは、1966年、開発途上の国ぐにがその開発目標を達成できるように支援することを目的に発足した国連機関。その活動はSDGsの17個の目標すべてにかかわり、一言でいえば、開発途上国の飢餓や貧困を解消するために開発途上国を手助けすること。本部はニューヨークにあるが、現場重視の活動をするため、現在では36か国が執行理事国となり、世界じゅうのおよそ170の国と地域で大勢の職員が働いている。

　上の写真の右側に立つのは、UNDPの親善大使として20年近く活動している俳優の紺野美沙子さん（写真の左側はこの本の著者）。紺野さんはこれまでカンボジア、パレスチナ、ブータン、ガーナ、東ティモール、ベトナム、モンゴル、タンザニアなどを訪問。執筆活動や講演活動などを通じて開発援助の必要性やUNDPの活動について積極的に広報活動をおこなっている。

サッカーボールの表面の基本デザイン

　じつは、サッカーボールは、同じ形がたくさんつながったものです。正五角形が12個、正六角形が20個でできているのです。UNDPは、このうち正六角形の17個にSDGsの17個の目標を1つずつえがきました。そして、残りの3個の正六角形にUNDPのロゴマークほかをえがきました（いっぽうの正五角形12個は、白地のまま）。下の図は、それをわかりやすく展開図にあらわしたものです。

サッカーボールは、厚紙でつくれるんだ。厚紙に下のような展開図をかいて切りぬいて、3つのパーツをセロハンテープではっていくんだよ。のりしろをつくってのりでつけてもいいね。右のような厚紙サッカーボールをつくってみよう。

正六角形

正六角形

正五角形

正六角形

UNDP親善大使・紺野美沙子さんからのメッセージ

ここでは、国連開発計画UNDPの親善大使をしている紺野美沙子さんの講演会でのお話を要約しました。

SDGsをカリキュラムの基軸にすえた「子ども大学くにたち」の授業で、SDGsについて語る紺野美沙子さん。

紺野美沙子／俳優・朗読座主宰
1980年、慶応義塾大学在学中にNHK連続テレビ小説「虹を織る」のヒロイン役で人気を博す。女優として活躍するかたわら、UNDP親善大使としても活動中。2010年秋から「紺野美沙子の朗読座」を主宰。NHKエフエム「音楽遊覧飛行」案内役を担当。元祖スー女（相撲好き女子）として知られ、横綱審議委員でもある。

SDGsとは何か。それは、一言でいうと「愛（LOVE）!」。なぜなら、愛というのは、「たいせつに思う」ということだから。20年以上前、はじめて赤ちゃんをさずかったとき、わたしは、この子が戦争にまきこまれることなく、おいしい水や空気のなかで安全に、健康でしあわせに育ちますように、と願いました。もし、みんなに、たいせつなペットのネコちゃんやワンちゃんがいたら、どうでしょう。かれらが毎日飲む水が安全でないと、長生きできずに死んでしまうかもしれませんね。みんなが大好きなもの、たいせつなものがずっとこれから先もよりよい状態でしあわせにくらせますように、という目標が、SDGsだと

わたしは思っているのです。
SDGsとは、みんなの将来、そしてみんなの子どもたちやその孫の代まで、ずっとこの地球がいい環境で、紛争もなく、だれもが安心して安全に、心おだやかにくらすためにはいま何をしなければいけないかということを、世界の国ぐにの代表者が集まり、相談して決めた目標です。わたしはUNDPの親善大使として、いろいろな形でみんなにSDGsを知ってもらう活動をしています。SDGsの目標を達成するために、みなさん一人一人にしかできないことが必ずあります。自分には何ができるかという具体的な方法を、家族や友だちとみんなで話しあってほしい。かぎられた命の時間のなかで、自分には何ができるかを考え、ほんの少しでもみんなのためになることを、具体的な行動にうつしていくことがとても大事だと思います。

6 折り紙でサッカーボールをつくろう

次に、G'sくんと同じように折り紙でパーツをつくって組みあわせるサッカーボールのつくり方を紹介します。

折り紙でつくったパーツを、となりのパーツにさしこんでつないでいくというやり方は、ぼくのつくり方と同じだよ（→p20-21）。でも、ぼくは、一部分をとなりのパーツの一部分にさしこむだけだけど、このサッカーボールは、少しむずかしいよ。

正五角形と正六角形を折る

右の写真が、折り紙でつくったサッカーボールです。どうやってつくったかわかりますか？　そうです。それぞれ1枚の折り紙で折られた正五角形と正六角形のパーツをつないでできているのです。右の丸い写真は、パーツをつないでいるところです。

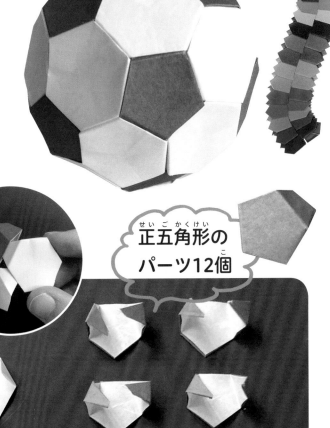

正五角形のパーツ12個

正六角形のパーツ20個

サッカーボールの青い面のつくり方
～折り紙で正五角形をつくる～

2枚の折り紙をつかって、同じパーツを12個つくります。

白い面

半分に折って
折り目をつけてもどす。

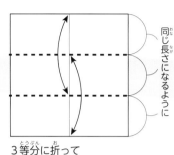

同じ長さになるように

3等分に折って
折り目をつけてもどす。

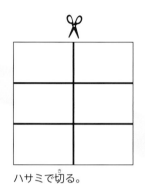

ハサミで切る。

表もうらも白い紙を
つかって、12個のパーツを
SDGs のロゴマークの色で
ぬってもいいね。ロゴマークは
17色だから、あと5色は、
右ページでつくる
正六角形のパーツ5つを
ぬるといいよ。

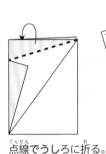

点線でうしろに折る。

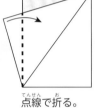

点線で折る。

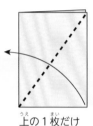

上の1枚だけ
点線で折る。

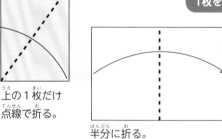

半分に折る。

1枚を大きく見ると

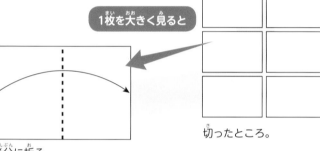

切ったところ。

開く。

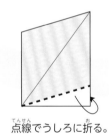

点線でうしろに折る。

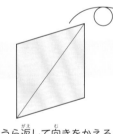

うら返して向きをかえる。

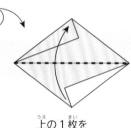

上の1枚を
点線で折る。

上の1枚を点線で折って、
折り目をつけてもどす。

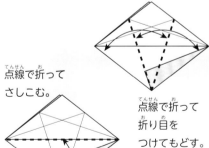

点線で折って
さしこむ。

点線で折って
折り目を
つけてもどす。

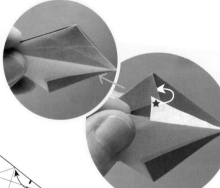

★のカドをうしろの
すきまにさしこむ。

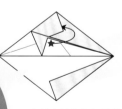

上の1枚を
点線で折る。

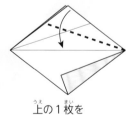

正五角形パーツの完成

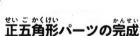

点線で谷折り。

点線で谷折り。

うら返す。

同じものを
12個つくる。

サッカーボールの白い面のつくり方
～折り紙で正六角形をつくる～

5枚の折り紙をつかって、同じパーツを20個つくります。

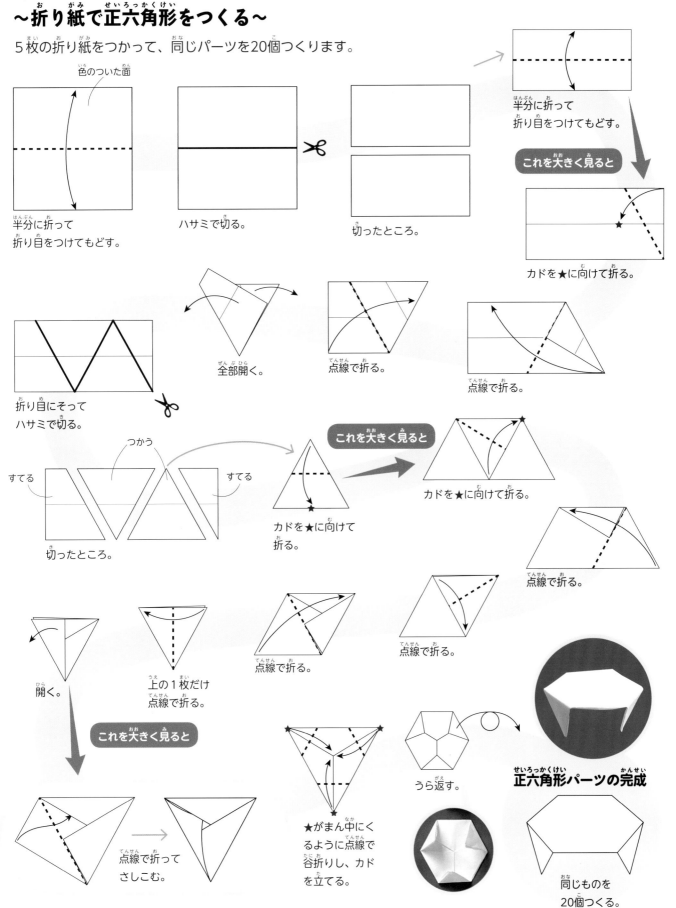

色のついた面

半分に折って
折り目をつけてもどす。

ハサミで切る。

切ったところ。

半分に折って
折り目をつけてもどす。

これを大きく見ると

カドを★に向けて折る。

折り目にそって
ハサミで切る。

全部開く。

点線で折る。

点線で折る。

すてる つかう すてる

切ったところ。

カドを★に向けて
折る。

これを大きく見ると

カドを★に向けて折る。

点線で折る。

開く。

上の1枚だけ
点線で折る。

点線で折る。

点線で折る。

これを大きく見ると

点線で折って
さしこむ。

★がまん中にく
るように点線で
谷折りし、カド
を立てる。

うら返す。

正六角形パーツの完成

同じものを
20個つくる。

みんなでパートナーシップを体験しよう

G'sくんやサッカーボールを折り紙でつくるのは、パートナーシップを体験するためです。一人でつくることはできますが、SDGsについて話しあいながらみんなでつくることに意味があるのです。

目標がつながっていることを実感

16ページで見たとおり、SDGsの目標は複雑にからみあっています。サッカーボールの正六角形のパーツと正五角形のパーツをそれぞれつないでいく作業をすることで、SDGsの目標がほかの目標とからみあっていることを実感し

てみましょう。

下の写真は、そのイメージであり、また、サッカーボールのつくり方も示しているのです。

少しむずかしく感じるかもしれないけれど、32個のパーツをつなげていくうちに、じょうずにできるようになるよ。

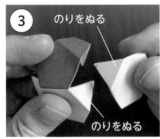

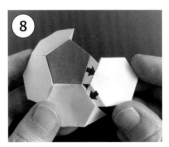

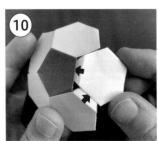

以降も同様につなげていく。

折り紙サッカーボールでSDGsを学ぼう

ここでは、折り紙サッカーボールで、遊びながらSDGsについて学習する方法をいくつか紹介しましょう。ボールには、SDGsの目標番号を書き入れます。

「目標番号」や「分野」をあてるゲーム

サッカーボールの面、32面（正五角形12面、正六角形20面）全部に1〜17の番号をふります。何番を

● サッカーボールが止まった瞬間に、いちばんてっぺんの番号のSDGsのテーマをいう。一人でやっても、みんなできそってもいい。
● 床に本などでコの字型のゴールを3個つくり、右の図のように「社会分野」「環境分野」「経済分野」とラベルをつける。ゴールに向けてサッカーボールを転がし、止まったボールのいちばん上に見える番号が、その分野の番号なら、成功。

何回書き入れるかは、適当でかまいません。このサッカーボールを転がして、次のようなゲームをしてはどうでしょうか。

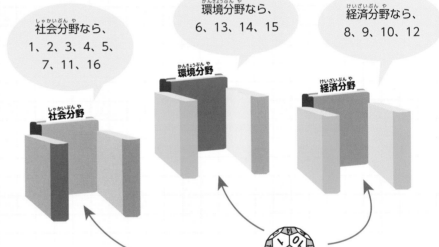

社会分野なら、1、2、3、4、5、7、11、16

環境分野なら、6、13、14、15

経済分野なら、8、9、10、12

かくれている番号をあてるゲーム

「経済分野」「社会分野」「環境分野」のそれぞれの目標番号が近い面になるように、番号をふったサッカーボールを転がします。止まった状態でいちばん下にかくれている番号をあてるゲームです。

● 「経済分野」「社会分野」「環境分野」のそれぞれには、目標何番が分類されているか？　あてるには、19ページのドーナツ型の図を理解する必要がある。

真上から見たところ

白い面に見えるのは、社会分野の目標番号だね。ということは、この下には何番がありそうかな？

ここに示した遊び・学習は、あくまでも例だよ。みんなでいろいろと遊び方をくふうして、SDGsの学習をしていってもらいたいな。

8 この本は、シリーズ全体の ガイダンス

この本のタイトルは『はじめてのSDGs 折り紙からはじめよう』です。でも、ここまで見てきてわかるとおり、折り紙づくりのほかに、SDGsの基礎知識をたくさんのせてあります。なぜなら、シリーズ全体のガイダンスに位置づけるためです。

「ガイダンス」はよく聞く言葉だけど

「ガイダンス」とは、みんなの主体的に学ぼうとする気持ちをたいせつにしながら、一定の方向に導いていくことです。もともとは英語のguidance で、日本語では「指導」「助言」「手引き」などと訳されています。学校の先生方は「子ども自身が自己を理解してその能力を じゅうぶんに発揮し、社会的にも有用な存在となりうるように援助する活動」といった意味でよくつかっています。

もとより、この本は、みんなが自分のできることを理解して自分の能力をじゅうぶんに発揮し、SDGsをひろめるために有用な存在になれるように手助けするものなのです。

この写真は、著者がつくったG'sくんを小学4年生に見せながら、SDGsワークショップのガイダンスをしているところだよ。

SDGsをひろめるために

ここで、SDGsをひろめるためにみんなにやってほしいことを、あらためてまとめます。

理解する

SDGsの17個の目標のロゴマークについて理解すること。

ロゴマークに書かれている短い言葉は「テーマ」。
すなわち、標語のようなものであると知ること。

17個の目標をあらわす文は、比較的長く、
むずかしい言葉で書かれていると理解すること。

むずかしいなかでも自分自身が興味・関心があるものを
見つけ、その目標について、もっと深く調べて、
自分ごととして理解すること。

17個の目標をより理解するために、
全部で169個ある「ターゲット」といわれる
具体的目標もよく読んで、理解しようと
努力すること。

ほかの人と話す

SDGsの17個の目標について、
友だち、家族などと話しあうこと。

SDGsの17個の目標について、
みんなよりも知らない人に
自分が学んできたやり方を紹介すること。

みんなよりも理解している人には、
わからないことを積極的に聞くこと。

実践する

人と話すチャンスをつくるために、
この本で紹介しているG'sくんや
SDGsサッカーボールづくりを積極的に
利用すること。

シリーズ2〜5巻で紹介する
ワークショップも、
自分自身でやってみること。

折り紙サッカーボールを
じょうずにつくるのは、たいへん。
でも、目的はSDGsを学習すること。
だから、へんてこになっても
かまわないよ。
チャレンジしてね。

● 用語解説

国際オリンピック委員会のこと。1894年6月に設立された、夏季・冬季オリンピックを開催する国際機関。本部はスイス・ローザンヌにある。各国を代表する委員が運営をおこなっている。

Lesbian（同性を好きになる女性）、Gay（同性を好きになる男性）、Bisexual（異性または同性を好きになることのある人）、Transgender（心の性と体の性がことなる人）の頭文字をとったものをLGBTという。セクシュアルマイノリティ（性的少数者）の総称としてつかわれる。LGBTにクエスチョニング（性自認や性的指向が定まっていない人や、決めようとしない人）、クィア（セクシュアルマイノリティや、どの性の分類にもあてはまらない人びとの総称）の頭文字である「Q」、性の多様性はほかにもあることをあらわすとされている「＋」を追加したものがLGBTQ＋。最近では、あらゆるセクシュアルマイノリティへの配慮から、LGBTQ＋をつかうことが多くなっている。

経済的に豊かな先進国とくらべて、国民一人あたりの所得が低いなど、開発の水準が低く、経済成長の途上にある国のこと。東南アジア、アフリカ、ラテンアメリカの国ぐにに多い。発展途上国ともいう。

SDGsにかぎらず、外交文書は、外務省の担当者が訳して公表することになっている。公表すると、各方面からその訳文について、意見や修正希望が出ることがある。そうした意見や修正希望が正当だと判断した場合、改正案をつくりふたたび公表する。何年かあとに修正されることもある。そのため、外務省仮訳というのは、いつまでたっても「仮訳」とされたままであるのが通常だ。SDGsの場合、2015年からかなり時間が経過して、何度か改正されたが、現在も「外務省仮訳」と記されている。

エネルギーを得るために石炭や石油を大量に燃やした結果、大気中に排出される二酸化炭素が増え、海水にとけこむ二酸化炭素の濃度が上がること。酸性化によって海の環境が変化すると、生態系に悪影響がおよぶ。

長期間にわたり食べ物が不足して食べられず、栄養不足となり、生きていくのが困難になっている状態。健康のために必要な栄養をとれないでいると、かぜをひいて肺炎を起こしたり、病気になったりして死んでしまうことがある。

2015年9月にアメリカ・ニューヨークの国連本部で開催された国際会議で、正式名称は「国連持続可能な開発サミット」。加盟国の代表者が集まり、世界で起きている地球温暖化などの深刻な問題に対する話しあいがおこなわれ、全世界・全人類が2030年までに達成する目標としてSDGs（持続可能な開発目標）が採択された。

2015年9月の国連サミットで全加盟国（193か国）が賛成してまとめられた、2030年までに達成すべき世界共通の目標。2000年9月に国連ミレニアム・サミットで採択されたミレニアム開発目標が期限（2015年）までに達成できなかったことを受け、非政府組織などをふくめて話しあいがおこなわれ、国境をこえた広い見方が反映された。

国際パラリンピック委員会（IPC）が主催する障がい者を対象とした国際的なスポーツ大会。第1回大会は1960年にイタリアのローマで開催された。現在は、4年に一度、オリンピック後に同じ開催地でおこなわれている。

貧困は、絶対的貧困と相対的貧困に分けられる。絶対的貧困は、生きていくのに必要な食べ物すら手に入れられないなど、人間として最低限の生活ができないような極度の貧困。相対的貧困は、最低限の生活はできるが、ある国のなかの平均的なくらしとくらべ、貧しい状態にある貧困のことをいう。

資源の節約や環境汚染の防止のために、不用品や廃品を資源にもどして利用すること。Reduse（ごみの削減）、Reuse（再利用）とともに、英語の頭文字をとって「3R」とよばれる。3Rは持続可能な社会をめざすための標語。

●さくいん

●著

稲葉茂勝（いなばしげかつ）

1953年東京生まれ。大阪外国語大学・東京外国語大学卒業。国際理解教育学会会員。2021年度までに編集者として1400冊以上の書籍を担当。自著も100冊以上。近年、子どもジャーナリスト（Journalist for Children）として活動。2019年にSDGsとアクティブラーニングをカリキュラムの基軸に据えたNPO法人子ども大学くにたちを設立し、同理事長に就任して以来「SDGs子ども大学運動」を展開。講演会やワークショップ多数実施。SDGsに関する著書に、「SDGsのきほん 未来のための17の目標」シリーズ、『これならわかる！ SDGsのターゲット169徹底解説』（いずれもポプラ社）、『教科で学ぶSDGs学』『G'sくんといっしょにSDGs』（いずれも今人舎）、「食卓からSDGsをかんがえよう！」シリーズ（岩崎書店）、『SDGsがより深くわかる！ 国連ファミリー・パーフェクトガイド』（新日本出版社）、「子ども大学で考えるSDGs」シリーズ（フレーベル館）ほか。

●編さん

こどもくらぶ（二宮祐子・中嶋舞子）

編集プロダクションとして、主に児童書の企画・編集・制作をおこなう。全国の学校図書館・公共図書館に多数の作品が所蔵されている。

※ターゲットの「外務省仮訳」出典：
  https://www.mofa.go.jp/mofaj/gaiko/oda/sdgs/statistics/index.html

●G'sくん開発

稲葉茂勝
（制作・子ども大学くにたち事務局）

●装丁・デザイン

矢野瑛子（こどもくらぶ）

●DTP

長江知子（こどもくらぶ）

●写真協力

©Amaral. andre （p4）
©8x10 / PIXTA（ピクスタ）（p10）
Rawpixel.com - stock. adobe.com（p10）
写真：青木紘二/アフロスポーツ（p11）
© Wieslaw Jarek ¦ Dreamstime.com（p13）
©FAMILY STOCK- stock. adobe.com（p15）
©Tinnakorn- stock. adobe.com（p17）
国立市立国立第八小学校（p36）

教室でチャレンジ！ SDGsワークショップ ①はじめてのSDGs 折り紙からはじめよう　　N.D.C.319

2023年4月　　第1刷発行

著　　　稲葉茂勝
発行者　千葉 均　　編集　原田哲郎
発行所　株式会社ポプラ社
　　　　〒102-8519　東京都千代田区麹町4-2-6
　　　　ホームページ　www.poplar.co.jp（ポプラ社）
　　　　　　　　　　　kodomottolab.poplar.co.jp（こどもっとラボ）
印刷・製本　大日本印刷株式会社

Printed in Japan
©Shigekatsu INABA 2023

39p 29cm
ISBN978-4-591-17646-7

こどもっとラボ
あそびをもっと、まなびをもっと。

教室でチャレンジ！
SDGs
ワークショップ

〈全5巻〉

著／稲葉茂勝

小学校中学年〜高学年向き
N.D.C.319　各39ページ
A4変型判　オールカラー
図書館用特別堅牢製本図書